바람은 갯벌에 눕지 않는다

정홍순 시집

시인동네 시인선 131

정홍순 시집

바람은 갯벌에 눕지 않는다

시인동네

시인의 말

'태산(太山)은 한 움큼 흙도 거부하지 않았다
대하(大河) 또한 한 방울 물도 거부하지 않았다'

사마천의 말처럼
흙도 물도 거부하지 않은 갯벌
숨이 터지길 고대하며 열었다

하늘과 땅이 서로 만나
현묘(玄妙)하게 일어나는 노두길

저 징검돌
한 발 한 발 디디며 걸어온 길
당신의 기억이 가장 아팠다

2020년 7월
정홍순

차례

제2부

제3부

제1부

가을 별

별이 많아서 좋다
햇볕에 시커멓게 그을린 어머니
눈이 한없이 빛나서 좋다
팥알이 붉어 나도록 키질하다
잠든 어머니 이마에
주름이 몰려가는 바람 서늘하다
팥꽃이 피던 날
더는 돌이킬 수 없이
노랗게 차던 밭둑으로
홀로 걸어오던 맨발이 또렷하다
가자, 가자
꽃처럼 잠기던 하늘
가을볕에 잘 익은
슬픈 것들이 많아서 좋다
이 땅에 태어나
밤이면 별을 보고 울 수 있어서
정말 좋다

뻘배

썰물 따라
장산 어머니가 몰고 나가시던
갈대밭 바람은 머리부터 왔습니다

느려터지게만 오는 줄 알았던
백발, 명중한 갈대가
맥 못 추고 흔들거리는 허리
한 손 부여잡고
목마르게 다그쳐 붑니다

생이 물러지면 갯벌만큼
고된 날들을 다 받아낼 수 있을까
설움이 엉겨들면
두루미처럼
두 팔 벌리고 사위어 출 수 있을까

밀물이 쓸쓸 쓸려옵니다
거품이 발목 잠기도록

기다리고 있는 내내
다가온 것은 주름진 물살뿐입니다

척척 돌아와 서는 뻘배

어머니는 공쳤습니다
갈대밭에서
관절 꺾어지는 소리만 들려옵니다

삼간도 아버지

달이 바다에 가라앉는 것 보고서
보름이 다 된 줄 아버지 마음 알 듯 모르고
모르며 알 것 같은 요사스런 마음에
신비와 비극이 자라고 있습니다

뜻에서 만나 깊어지는 경전처럼
삼간도* 고향 바다 북단청 올리는 솜씨만큼
알록달록 새겨져 덩—덩 울리는 아침입니다

바지락 밭으로 나가는 계집아이를
상업학교 보내시며 아궁이 앞에서
불처럼 좋아라 태우던 가난이 생각납니다

꽃놀이 갔다 온
어머니에게 술국 떠 주시던
화사한 봄날이 끓고 있습니다

얼마나 크게 살면 삼간도 같겠습니까

>

산업단지로 고향 물러나왔지만
밤새 할머니 수발하고
정갈하게 비워내시던 아버지
갯바닥 하늘에
엉덩이 삼킨 요강이 눈부시게 떴습니다

---

* 삼간도: 율촌산업단지 조성지에 있는 섬.

너도 꽃이다

새끼 염소 한 쌍이
목화송이처럼 퐁퐁 뛰어 들어가
꽃가지에 입 대놓고
펄쩍펄쩍 엄마를 부른다

젖내 나는 입
알싸한 소리가 갯가에 쏟아진다
처음 세상에서 만나 보는
하얗게 날아온 장다리꽃

눈에 꽃이 맺혔다
눈망울 저린 사슴처럼 냅다
뿔 들이댈 수 없다

다시 엄마를 부른다
훌쩍훌쩍 나누어 기억하는 짐승
더 많은 꽃이
보이기 시작하였다

쌀바람

처서가 지나고
아흔두 살의 집에 바람이 왔다

갯고랑 하얗게 꼬리치며
쌀바람이 왔다

간사지 벼꽃 뿌리며
무른 눈썹 헤치고 바람이 왔다

살아서 왔다
고맙게 왔다

징검돌 뒤집으며 가을비 타고
노두길이 왔다

족두리꽃 차일 치는 마당
찰랑찰랑 흔들며 벼슬이 왔다

저건, 뻘

천수만에 입술같이 도톰하게 생긴
개목장벌 당암리는
갯벌에 박혀 있는 큰 바위 동네[大岩里]다
비가 오면 비가 다르고
눈이 오면 눈이 달리 보이는
주사창(舟師倉)이 있던 내륙의 입항지
함바위에 폭약이 터졌다

백화산 화강암으로 갯벌이 처참해지고
개목장벌이 죽어가기 시작하였다
물막이가 거반 끝날 쯤
갯물 밀고 가
쿠렁쿠렁 달려드는 것들 보란 듯이
굴삭기로 길바닥 갈라 째며
해볼 테면 해보라 큰소리쳐대던 사람들
그때 생긴 말이 있다

—포클레인 앞에서 삽질하는 겨

—저건, 뻘이여

턱도 없는 노릇
지금은 철새나 지두르는
해조음 가락이 사라진 낭만의 한데를
끼룩끼룩 울며 뻘처럼 살아온
갯벌 적시며 어느 계절에 들 수 있을지
머리 박고 상한 물 떼가 훌쩍 눕고 있다

안땅

울컥울컥 솟는 말로
가슴 한번 적셔보게나
가랫줄 당겨본 지 언제였는가, 아니지
가랫줄이 뭔지 모르거나
잊어버렸어도 괜찮다네
우리에겐 아직 울력의 힘은 남았으니
윗녘, 아랫녘
물둑 아래 파랗게 실어놓은
갯논, 갯땅 쳐다보며
울컥울컥 가슴 한번 적셔보게나
물집 서린 아버지와 할아버지
시호(時乎), 시호 당기고 쳐들어 만든 안땅*
귀 한번 기울여보게나
새야, 새야 파랑새야
윗녘 새야, 아랫녘 새야
팔왕(八王)새야
온 누리 펄럭이는 눈물아
아르르 물둑 소리 조용히 받아보게나

서럽게 입은 남도의 푸른 들판
상복처럼 눈물이 고이거든
울컥울컥 솟는 말로
가슴 한번 적셔보게나

* 안땅: 위·아랫녘 들판을 가리키는 말.

잇꽃

한하운이 소록도로 터벌터벌 걸어 들어갈 때
발가락 떨어져 절름거렸던

문둥이 친구들과 떨어진 발가락
양지바른 곳에 장례 치르고
성하고 성한 사람이 되려고 심어놓은
백광(白光)의 시가 수탄장에서 울었다

자살 아끼기 위해 살아낸 노래
문화 빨치산 누명 쓰고 피던 빨간 모가지 꽃
오히려 부끄러워 울던 천벌의 입으로
단숨에 불었다

피–ㄹ 닐니리

봄 피리 섞은
꽃의 눈물 타 부르던 인골적(人骨笛)*의 소리

>

오마 간척사업장에 불려가
뺏속까지 속고 돌아와 앓는
불안한 꽃들과 또 동산 하나 만드는 섬

파랗게 자라는 손가락 사이로
섬 자락 칠월은
불그스름한 얼굴이 댕강댕강 피어나고 있다

* 인골적(人骨笛): 사람 뼈로 만든 피리. 한하운 시인의 시에 나온다.

게국지

태안 게국지는 게탕이 아니다

먹방 넘기면 또 먹방
한번쯤 방송 타지 않은 집이 없다

태안 게국지가 소개되던 날
입이 기억하고 있는 게국지가 소개되다니
가슴 설레던 순간이었다
묵은지와 시래기 담은 냄비에
꽃게 넣고 끓이는 게국지
아, 참담해졌다

능청스럽게 자막엔 태안 게국지라 깔고
카메라는 화려한 게탕을 찍어 보냈다

보지도 먹어보지도 못한 사람들
상식 없이 게탕을 게국지라 송출하다니
조합한 게국지가 너무 싫다

>

게장 국물이라 할 때는 겟국지
해산물 국물이라 할 때는 갯국지라 부르는
부를수록 고향 유전이 흘러나는 이름
김장 한 후 새우젓 독 속에
무, 무청, 배추겉잎 묻었다가
뚝배기 알불 긁어내 쪄내는

비밀스런 무의 맛
지금 어딘가 고향엔 새우젓 독에서 하얗게
간꽃이 피어나고 있겠다

무정과

시제가 있는 날이면 너푼너푼 눈이
먼저 무덤에 엎드렸다
이고 지고 산에 올라
눈꽃 빨아먹으며
돗자리 문양 덮어 그리고 있으면
해가 어른거리는 갯바람 높이
솔개가 떴다
선대의 이름으로 살아온 것들이
정지하는 순간
솔개는 멀리서도
먹잇감 찾아냈을 거다
나는 목기로 차려낸
무정과가 또렷하게 눈에 들어왔다
가을무의 상찬이다
어린 동무들 산까지 불러들여
조상 앞에 무릎 꿇게 한
세기의 맛에서 겨울을 기록하였다

응달

눈이 받아온 기운 없이는
나를 미끄러지게 못했을 것이다
한나절 덜어내고 남은 농로에서
자동차 바퀴 하나가
몹시 흔들리다 간신히 섰다
노인이 사는 응달 집
간척지에서 발라낸
길이 기다랗게 야위었다
보면 볼수록 겨울 닮은
노인네 얼굴
눈물에 긁히고 남은 자리로
나는 말끝마다 미끄러졌다
수십 마지기 간사지에
열 남매의 아버지, 이제는 홀로
등불 켜야 한다
밤이 제일 긴 동짓날 나는
난생처음 새벽이 오기까지
뜬눈으로 고스란히 미끄러져 보았다

붉게 피는 꽃이 왜 영혼을 움직이는가

겨울 바다 바윗돌에 꽃이 피었다
거뭇거뭇 피어난
돌김 난도질하는 도마 소리
난타가 시작되었다
부엌칼이 장단 떠는 대로
덕장에서 말라가는 햇김 향내가
십리 동구 밖까지 흔들어
갯물 길어 빈 독에 채우고 이젠
김장하련다
또각또각 도마가 칼을 받는다
나박 썰기
깍둑 썰기
채 썰기
기둥 썰기
감나무 가지 끝 까치밥이 붉다
애기동백도 붉다
붉게 피는 꽃이 왜 영혼을 움직이는가
임진왜란 통에도 살아나온

김치야말로
고추로 일어난 우리의 혁명이듯
무수를 붉게 비빈다

무명초

무밭에 큰방가지똥 자리를 잡았다
소리쟁이도 들어와 앉아 있다
가는털비름은 벌써 훤칠하게 커서
고스러지고 있고
자리공, 큰비짜루국화
털별꽃아재비
광대나물, 명아주, 까마중, 민들레
재쑥, 환삼덩굴, 쑥부쟁이
들개미자리
꽃이 오기 전에
뽑아버린다 했지만
한 번도 이겨보지 못한 이름들이다
누가 저들을 무명초라 불렀던가
어느 땅들이
저들을 거부한 적 있었던가
이름을 부르지 않으면
너도 밟히고
나도 밟히는

우리 누나 같은 시절들을 쳐다본다
불혹의 누나
걸음으로 다 주고 떠난 누나
누나의 장딴지 닮은 아이들이
불룩불룩 일어나는 밭에서
갯여자의 이름이 스러지고 있다

갯마을의 봄

서산 어송리 도축장에서 암소가 달려들어
한 사람이 죽고 또 한 사람은 부상당했다

두 번 출산한 소는
검문소가 있었던 어송리에서
큰 저수지가 있는 인평리까지
사람 들이받고
풀이 사방 돋아나는 봄 들이받으며
고랑창에 쓰러지고 말았다

어느 날 형이 새벽에
아버지와 서산 우시장에서
저수지 둑 가로질러 왔던 거기쯤
소가 갑자기 난동 부렸다는 사람도 있고
공격했다는 사람도 있다

소는 생포되었지만 봄은 죽지 않았다
봄은 사나워졌다

봉긋봉긋 꽃과 사람들이 서로 들이받으며
영혼 없이 상처 나고 싶은 날이었다

처절해진 봄
노랑나비 가만가만 이마에 얹어주면
풀밭에 누워 질경질경 게워낼 봄
갯마을 서산에
누구라도 참을 수 없는 날이 서럽게 왔다

강아지풀

그리스에서는 고개를 위아래로
끄덕이는 것은
아니라고 하는 말이란다
반대로 우리나라는 그려, 하는 말인데
고개만 까딱거리면
여지없이 쌍놈이라 한다
갯바람이 분다
쌍놈의 풀모가지
시루가루 흔들어대고 있는 풀밭
강아지풀 끄덕끄덕 짖고 있다
아닌 줄 알면서
푸른 꼬리 잘잘 쓰다듬다
울컥 새끼바람 목구멍에 걸린 할미는
다그쳐 부른다
제비처럼 집만 지어놓고
떠나간 아들아
나비처럼 알만 슬어놓고
떠나간 에미야

집 짓고 사 년 만에 절단 난 것이 무슨
효도라고 했더냐
쟁반 같은 네 얼굴이 가찹다
오냐, 강아지야
내 앞에서 끄덕끄덕 울어라
내 강아지야

괭이 손자

아이들아
처마 밑으로 찾아든 괭이가 있거든
그냥 돌려 세우지 마라
서리 맞은 호박넝쿨같이
모가지에 감고 온 월세방이다
된장 내 나는 토방에 엎어져
고향 떠나지 않겠다고 앙앙거리는
저 달빛의 야윈 꼬리를 봐라
짱짱하던 달이 월세 까먹듯 기울어
졸고 있는 두 눈에
꽃차례 모아 흔들고 있는
수풀의 달이 얼마나 그늘진가를……
우리나라 산천마다 피고 지는
괭이눈이란 꽃을 보았느냐
담장 밑으로 찍어놓은 괭이밥이
우리들 입속으로 얼마나 시큼하게
들이치던 풀이더냐
아이들아

우리들의 괭이는 토종의 이름
거닐고 사는 신통한 할아버지시다
할아버지는 호랑이가 아니다
포효하지 않고 갈그랑거리다
꽃이 되고 풀이 되는 달빛의 족보다
수틀린 세상에 척척
산을 뒤집고 토담 뒤집어놓는 꽃
너희에게 오시는 낙법이시다

선달그믐

이웃으로 살면서 한 번도 친한 적도
아는 체도 서로 신경 쓸 일도 없이
가끔 담을 넘거나
처마 밑에 앉아 볕을 동냥하였다
때로는 잔반이나 기웃거리며
해로울 것도 이로울 것도
있든지 말든지 살든지 죽든지 하였다
신을 닮았다는 인간의 외로움과
고독 위해 한때는 호사스런 반려자였다
하지만 새끼들은 목구멍에서
그르렁거리는 제 소리 듣는 것으로
호상을 치렀다
감나무 밑에 다섯 번째 묻어준다
오래된 뿌리
감 몇 꾸러미 맺을 수 있게
해체되리라는 언어가 정말 치사하다
감나무가 맡은 생명의 기억
그 가지 하나 꺾을 수 있지만

어린것들에게
비정한 몫을 어떻게 물릴 수 있는가
참으로 고통 한 인간이다

황사

모래바람에 네 눈썹이 길어지고 있다 돌의 살갗이 쌓인 초혼의 언덕, 시작도 끝도 묵묵히 걸어, 바람이 지고 달리는 어디쯤, 그 길의 이름을 눈물로 먹는 너는 낙타다 태양을 묻은 사막에, 머리 디밀고 바람의 말 골라, 다시 일어서지 못한다면, 우리는 영혼을 잃고 너는 길을 잃는다 모래톱에 문지른 네 발바닥 지문이, 물결처럼 번지던 바람에 찍혀, 하늘이 어두워진 시방, 꽃눈 가지에 너의 숨결이 닿았다 점점이 돋아난 꽃은 예쁘고, 예쁜 꽃처럼 시집왔던 구장 오메는, 나물 한 보따리 등에 올려놓고, 아침 길을 한참 만에야 꺾어서 왔다 작년 가을에는 전주댁 마당에다, 콩 다발 져다 부려주며, 시침도 안 떼고 가더라고 혀를 찼는데, 굽은 가지에 피는 꽃이 나무이듯, 나무 한 토막으로 바람 치는 대문 설핏 잡아놓고, 오늘도 모로 누워 곤하게 주무시리라

제2부

어초장(漁樵莊)

잘그랑잘그랑 감꽃 떨어지는 마당에 누워 별을 봐라 별을 봐라 너무 깊고 조용하니 잠이 다 안 온다 사월 푸른 하늘 헤집고 가슴에 돌멩이 하나 눌러 잠들은 평전* 내 건너면 구례 강 건너면 하동 집필실 어초장(漁樵莊)**

풀은 풀대로 나무는 나무대로 주인 없는 빈방 침대 하나 덩그러니 달을 밀던 흔적뿐이다 여울 소리 아침 불러내 돌밭 갈아 만들던 세석평전(細石平田) 뻐꾹새가 피 토하며 지리산 아리랑 달궁아리랑 뿌리고 노고할미에게 떠난다 했을까

인간의 죽음은 옷 바꿔 입는 것 염창시가 어초장에서 아홉 번 이상 구운 소금시라는 것을 누가 알까 소금이 녹을까 우물 파지 못한 염창마을 눈물 파지 않은 뜻을 누가 알까 소금 절은 두루마기 입으라던 어초장 주인 없는 집 잘그랑잘그랑 흔드는 풍경 소리, 앞마당에 퍼질러놓고 돌아왔다

---

* 평전: 송수권 시인의 호로 세석평전에서 따옴.

** 어초장: 송수권 시인이 집필실로 쓰던 집.

까치의 말을 듣다

까치가 요즘 들어서 반말을 자주한다
촌것이라 그러려니 하면서도
분질러대는 말본새 치사받기 어렵다
—갓, 갓
친할수록 버르장머리가 없는가
잘라 던진 말이 호박씨 박히듯 딴딴하다
무장 좋은 일도 궁색한 가을
늦도록 여남은 개
감나무 손대지 않았거든 그 주둥아리는
—갓, 갓
개마냥 짖어댄다
묵은해 물어내기가 힘겨운 마들가리
어찌 없겠느냐
허공에 새긴 말 읽어대는 아침
너의 반말을 듣는다
—갓, 갓
너의 반말처럼
줄줄이 엮어 말린 열 마리 조기가 한갓

열 모숨 고비나물도 한갓
햇살에 흔들어 걸어둔 말끝 뜯어 맛보는
맛있는 말
—갓, 갓
너나 우리 올해는 풍년 들것다
네 살림집 반말의 본새가
한 척이나 더 높아지는 것이

고드랫돌 소리

강아지도 식구 노릇하며 사느라
짖는 것 보면 대견스럽다
허투루 짖을 때도 있지만
늦여름 붙들고 있는 매미보다
그래도 서러움이 덜해서 괜찮다

여름 소리는 무르지 않다

부채질 소리, 냉국 오이 써는 소리
모깃불 타는 소리
바가지 물 등목 하는 소리
한밤중 낙숫물 떨어지는 소리

여름 소리는 그늘을 짠다

해가 마루 오르기 전 토방에
밀짚멍석 깔고 앉아 아침밥 뜨고
그늘 따라 여름살이 하던 집

이제 해는 지붕을 그냥 넘어간다

딸가닥 딸가닥
밀짚멍석 짜느라 타래 풀던 아버지
자리틀에 맨
고드랫돌 소리 틀어놓고
별 하나씩 집어 넘기고 싶은 밤

왈 와르르르르르 강아지가 짖는다

운해비

고흥 애도(艾島) 아낙에게서 배웠네
해무를 운해비라 하는 말
운해비가 오는 날
배질 나간 식구가 걱정이지만
동백이 뚝뚝 떨어져 산길에 피면
뱃길도 총총히 열리고
쑥이 너풀너풀 넘어가는 섬
애도라고
슬픈 일이 소복이 쌓였을 것 같지만
톳이 장아찌 돼서 나오는 것 보면
밥그릇이 펄펄 뒤집히고
쑥, 쑥국
입맛 들은 새소리가 갯바위 흔들어
봉호(蓬湖)라고 부르던 이름보다
갯바람에 쑥이 하얗게 자빠지는
쑥섬이
더 좋다는 그녀에게서 배웠네
운해비가 해무라는 말

쑥섬 쑥 이파리는 더 하얗고 향이
무장 짙게 난다고

결

준기 씨의 굵은 손가락으로 그어서 내는 맑고 투명한 한 평짜리 유리판에 칼날이 허옇게 이순의 겨울을 잘라낸다 내가 죽을 수 있는 것처럼 깨질 수 있는 광물이라고 해박히 토 달던 그의 말 풀어보다 수세기 어느 돌덩어리에 닿았고 내 고향 바닷가 사구에 대고 하역하던 육중한 철선 후미로 솟은 굴뚝에 닿아 끌던 시커먼 항진의 소리 이젠 꿈에도 만무한 평면 속으로 날카로운 질감이 넘실거리며 나온다 돼지머리국밥에 숭덩숭덩 썬 깍두기와 새우젓 삭은 껍질 얹어 먹던 입속에서 깨진 유리 조각 하나가 불거지던 것이 이런 느낌이었을까 광물의 생태를 누구보다 생생히 겪은 준기 씨가 담담히 한 삼 년쯤 종사하고 접겠다는 몸에 달장간이나 꿰매 붙인 오싹거리고 싸늘해지는 기호, 식탁에 깐 그의 예술에 다시 몰입한다 무한한 생의 매듭들이 엉켜 있다 우리가 살아온 진실, 고진한 무늬들이 설핏 아름답다는 말로 살아나오기까지

두유와 두부

콩이의 임신에서 출산은 겨울로 감겨져 있었다 흩어진 뼈들처럼 바싹 비틀어진 붉은 껍질 속까지 마른 고추 분쇄기, 성형기와 착유기 사이에서 풀어졌다 맵고 누른 냄새 고소한 것들이 사방 얽힌 덩그런 집들이 서로 기대고 있는 밤 스스로 주인 되어 명줄 간절히 잡아맨 난장의 족보 써냈다 희미한 방아 소리가 일어나 다시 돌아간 쇠가 넷, 눈 같은 털 세우며 걸어 나온 소리가 둘, 사산의 눈물 닦아준다 이 땅 네모진 곳에서 태어난 업둥이들이 눈 뜨고 언 땅에 대가리 박는다 비타민 섞은 밥 받아먹으며 울컥울컥 짖는다 쇠가락 상쇠는 온 동네 쳐댄다 땅의 말들이 터졌다 바람처럼 떠나간 콩이는 풍설(風說), 막을 길 없이 번져간 두유는 유언(流言), 조그만 것이 콕콕 쏘듯 두부는 비어(蜚語)

떠돌아다니는 소리 변산에는 바람꽃이 피었다 절분초 한 소리 물고 방울 털며 하품하는 개짓, 파란 새싹들이 밀려온다

애동지

금전산이 갑자기 사라졌다
팥떡시루 김 퍼지며
눈 내리는 낙안읍성 밥집 아랫목엔
고사리와 산채가 푸짐하다
지난해 겨울눈 기억하는 금전산
대나무 시렁에 앉아
고시랑거리는 주둥이가 더 맛있다
한 살 더 얹어주는 밥집
가마솥 소대가리가 삶아지고 있다
가마솥에 녹아내리는 동지
제석산 허리 밟고
한참 달려 내려가
갯벌 무지개 피는 용두갯가에서
넋은 넘어지고 말았다
폐품 산 만들어놓은 사내
의족 사내가
지르박 한 소절 돌리는 공장
노래방 빽빽이에 칭칭 감겼다 풀려

어질어질 그때서 나는
산다화 한 가지 꺾어들고
갯가에 서서 무장 미쳐보고 싶었다

부전지

가지 끝이 때로는 조물주 어깨 같아서
뱁새는 갓 난 새끼 치송할 수 있는 것이라
그렇게 어미들은 새끼들을 활공시켰다
자식들 젖혀 매고
소처럼 오두막 식은 밥 건지는
두봉마을 유영남 어르신
늙은 벼슬로
코끝에 땅 내 왔다 서러워 울던 날
상사화가 피었다
꽃대궁 같은 목에 걸어 논 전화
식은 피 같은 목소리가
시골 제사로 어머니 기일 말고
서울 제사로 하잔다
다시 눈물 흘리며 먼저 간 년이라 욕치고
그리움 꺾으며 궐사하기로 한다
천수 빌어야
가래질할 수 있다는 온라인 통장
늙어 죽기까지 천수답 신세라고 또 눈물 댄다

오두막 개 짖는 소리
사람 고파 목젖 젖는 어르신
늘 당신님으로 팔 벌려 반기는 두봉 어르신
마지막 생애 부전지 붙여 보낸다
키 작은 깨밭 다랑논 건너
벼꽃 핀 종답 너울거리는 늙은 버드나무
가지에 또 하나 붙이고 있다

매미 명찰

조계산은 늦여름을 소리로 푼다
가물수록 칡이 무성하다더니
삼년상도 안 지난 무덤 타고 오른 칡에게
젊어서 내나
남의 서방만 하던 영감이래도
불쌍하다, 불쌍하다 뜯어말리는
저승 줄 감아 틀어쥔 손에 핀 꽃을 보고
산은 얼마나 울고 있었는가
칡꽃, 칡꽃
천년의 나무 흔들어대는 소리꾼
말매미가 놓은 판에
해가 중천에 떠서 소리는 아직도 반이다
산 젊어지고 넘은
발림이 몸부림치던 에미 같아서
장군봉 대장부처럼 참으려고 애쓰지만
소용없이 흐르는 소리
무지개 돌다리에서 둥그렇게 젖고 말았다
한번쯤 거꾸로 살 수 있다면

홍도 흰 동백나무처럼
바다에 꽃을 밀어 넣을 수 있다면
여의주 대신 동전 한 닢 물고 산문에서
승선교 용처럼 살 수 있다면
여름 꽃을 슬퍼하다 죽어도 아니 좋은가
그에게 시간이 없다
더 울어주고 풀어줄 시간이 없다
대웅전 뒤뜰에서 입적하던 소리꾼
조용히 가슴에 붙이고 서서 나는
한동안 나무가 되었다

꽃다지

하나이면서 둘
둘이면서 하나로 산다는 것은
좋기만 하면서도 서럽기도 한 일이다

나에게 고향이 어디냐고 물으면 서산이라고 한다
서산을 잘 모르면 얼른 태안입니다
그래도 모르면 안면도 근처라고 한다

서쪽 땅끝이 멀기는 먼가 보다
서산 태안이 유령의 땅처럼 들리는 것이
한참이나 먼가 보다
거기에다 충청도 기질
갯마을 것들이라고 괄시 받는
스태안을 들어보기나 했더란 말인가

리아스식 땅에 탯줄 묻어둔 사람이라면
몰라도 스태안은 아마 모를 것이다
스태안, 스태안

화엄 꽃밭에 봄이 오면 꽃다지
코딱지나물이 노랗게 물들어
다지는 맨 처음 열리는 열매로
봄에 제일 먼저 핀다 아지는 작아서
민꽃다지, 산꽃다지, 구름꽃다지
천삼백 리 해안 구릉에 엎어진 꽃밭이 스태안이다

하늘과 바다가 하나이고
땅과 사람이 서럽게 고이며 사는 스태안
한 번도 화이트라고 불러본 적이 없다
언제나 블루, 블루였다
황토밭에는 육쪽마늘이, 대숲에서는
대금이 푸르게 울며
쓸어낸 달빛 아래 꽃다지가
십자화로, 십자화로 피는 내 고향

스태안은 좋기만 하면서도 서럽기도 한 일이다

키질 하는 날

푸덕푸덕 키질 소리에
산속으로 단풍 바람이 산막을 적시고
들깨가 뒹굴어 앉은
멍석이 새까맣다

헝겊쪼가리 풀 먹여 붙이다 너덜난
마산할미 키가
한 마당 쓸어내는 동안
매가 허공에 정지하고 떴다

고수들의 날
할미의 키내림하던 키가
나비질하며 맞서서 허공으로 오른다

갱년기

치렁치렁 오르며
다래 넝쿨이 틀어쥔 오리목 열매

한 수 또 한 수
까맣게 복기하고 있는
아내에게
너푼너푼 눈이 내리고 있다

저 납설(臘雪)*이 녹아 흐르고
불면의 꽃
달거리 꽃이
창창 피기라도 했으면 좋을

아내가 받은 비나리가 참 춥다

---

* 납설(臘雪): 납일, 즉 음력 12월에 내리는 눈. 납설은 보리에 유익하고 춘설은 보리를 죽인다.

역마는 이별에 산다

여자가 차마
상체만 벗는 버릇이 꽃을 닮았다
화개장터
비스듬히 선글라스 꽂고 흔드는
그녀의 음역이 궁금해진다

진양장단 한 가락 생명줄 탄 옥화*이거나
남사당패 사내와 엮은 칡넝쿨이거나
산중에 불어나는 강이거나
쪽대로 떠온 자라
수족관에 집어넣는 사내에게
웬 자라, 날렵한 말씨에 물 타며
거는 익숙한 연기가 제법이다

섬진강 물비늘 벗겨지는 양수머리
화개천이 불거지고
모처럼 옥화의 술잔이 잘름거린다
꽃이 떨어지고 술이 떨어지고

옥화의 귓바퀴에 난 사마귀처럼
산등에 걸린 어긋난 정표가 붉어지도록
진하게 농 걸던 여자
양수머리 흔들던 그 여자

자라 배아지 갑골 문장 한 줄
역마는 이별에 산다, 간만에 뽕짝으로
즐겁게 새겨놓고
흥흥거리며 떠나가던 아, 그 여자

---

* 옥화: 김동리의 소설 「역마」에 나오는 주막 주인.

젖나비

야바위판 딱지 닮은 붉은 나비
여자의 젖가슴에서 팔랑거린다

춤추는 나비가 뜨겁다

토렴한 국밥에 집어넣어도 죽지 않던
수저의 나비 기억한다
뼈다귀 고는 삼십 년 솜씨가
한 모금씩 뜨겁게 날아들어
어머니 젖이 입천장 벗겨지도록
뜨거웠을까

생의 마디는 아홉 마디
구절꽃차 달이는 내내
꽃다발 한 다발 안아주던 젖가슴에다
천천히 그려놓은 진드기
나로도 가을이 우러난다

>

춤추는 나비가 식었다

젖에 매달린 까만 삭정이
사막 애가 안겨 마르는 동안
춤추는 나비
붉은 나비가 훨훨 허공에 날아 뜬다

제비

제비가 집을 두 채나 지었다
헌집은 수리해서 들고
새집은 올봄에 와서 지었다

제비는 바쁘다
가랑이 터진 아오자이 자락 펄럭이며
온 동네 쏘다니는 통에
신나는 바람이 일어났다

맨살 파고드는 바람
월남으로만 여행 가고 싶다던 사내는
아오자이에 미친 제비, 나는
살 끝이 서서히 마르도록
풍장 치른 벼랑 끝 바람이
탐날 때가 있다

금강송이 즐비한 어느 산을 걷다
관 하나 얻어 눕는 것도 괜찮지만

그보다 갯벌에 들어가 뒹굴다
미라가 되고 싶다

갯내가 사무치는 날이면 더
참을 수 없는
제비가 한 입 한 입 물어 나른 개흙
둥글다, 참 둥글게 쌓는다

치자꽃 사랑

치자꽃 드문드문 버들길에 떨어졌다
꽃을 뿌리고 간 사람은 보이질 않는다
이 길 따라 가면 해조음 들리는
두 물 합수하는 곳
치자나무가 오래 받아온
물의 기억 펑펑 터질 그곳까지
그 사람은 갔을까

저만치 꽃을 따는 남루한 사람이 있다
핀잔하고 싶지만 모른 체한다
그는 오늘 아침 치자꽃을 따
가슴에 바치고 싶은 사람이다
그가 가는 길로 치자꽃이 공양되어
꽃물이 울컥울컥 살아난다

버들길 따라
멀구슬나무 그늘에 잉어들이 모여
꽃술에 입을 맞추고 있다

이별의 입맞춤, 아니
꽃 치성이라 하자
간절히 가슴으로 가는 길에 합화하는 곳

물과 물이 만나고 꽃이 만나
새 사람 되는 아침
순천만 안개가 자욱하게 피어나고 있다

족적에서 울다

갓과 신발 벗어놓고 지리산에서
'저 중아 산이 좋다면서 왜 다시 나오나'
입산시(入山詩) 한 수 남기고 고운*은 떠났다
신라 변방 사람 면치 못하여
길가에 핀 꽃
'꽃이 가지 누르고 벌 나비만 찾는다'
절규한 접시꽃이 해를 물고 섰다
혹여 당신이 가는 길이 칠불암에서
청학동 지나 산 귀 멀게 한다는
가야산 흐르는 물 지금도 놓고 있는지
바람 길에 꽃이 피었다
구름 안고 지리산 넘고 동백섬 흰모래도 넘고
떠돌아 하늘에 핀 하지 아침
새는 꽃을 향해 오르고
나는 꽃잎 따 콧등에 붙인다
빨간 볏, 하얀 볏, 분홍 볏
새벽닭이 시대를 깨우듯
굽이굽이 흘러온 갯고랑 건너

갯마을 소녀의 아침 깨우고 싶다
수수히 피는
해맑은 눈물 물어 하늘 한번 삼키고
펄펄 뛰며 울고 싶다

---

* 고운: 최치원의 호.

우리들의 비밀스런 맛

장 달이는 날은
아궁이 장작 타는 소리와 장 냄새
슬그머니 감출 수 없는 노릇이다
대조리로 거품 걷어내며 내린 장
갯벌에서 갓 잡아온
농게는 농게대로
박하지는 박하지대로 도가지에 넣고
빛깔마저 타고난 장
잿빛 장 부어 게장이 만들어진다
이 집 저 집 밥상에서
게딱지 빨아대는 소리
손가락 쪽쪽 빨며 짭조름한 게살
집게발 깨는 소리가
게 구럭 가득 차던 갯마을
무더운 한철이 넘어가곤 하였다
소리는 사라지고 없지만
사람은 그 소리에 만들어졌다
풀피리보다 더 서럽게

서글서글한 입속에서 놀던 소리가
장지문 열고 나가는
우리들의 비밀스런 맛이었다

위대한 여름

묵은 갈대 무너지는 지난한 살림 갈아내기가
최소 일 년이 걸렸다는 것쯤 알면서
묵은지 꺼내 헹구는 칠월이면
보리밥 시글시글 찬밥 먹으며
여름 초상만은 피하기를 빌고 빌었다는 아버지

대물림한 가난이 질로 무섭더라고
여름 나기가 질로 무섭더라 하시던 아버지가
줄줄이 받아낸 제사상 초록 향불 속으로
전생과 후생이 교차하여 흔들리던 까닭
묵은 갈대 허리 꺾고 푹 쓰러지던 여름이었다

제3부

갯벌 풍류 1

물결의 소요가 시작되었다 갈대가 서 있는 곳까지는 초저녁이면 당도할 것이다 갯고랑에 매놓은 배가 떠오르며 달을 싣고 있다 길이 묻혔다 칠보 시산(詩山)에서 흘러내린 유상곡수 평전(平田)*의 시가 서걱거린다 살 부비는 소리 간지럼 태우는 소리 잠자리 다투는 어린 새가 칭얼거린다 포석정으로 경주가 망했지만 오늘밤 갯벌시로 인하여 망하는 일은 없으리라

평전은 술을 못했다 나는 술을 따른 적이 없다 대신에 고독의 잔 다랑의 눈물 얼마큼 마시어 가라앉은 산의 뿌리 건널 수 있을까 저 굽이쳐 오는 물 언덕 부서지도록 찾아온 결국 물이 되고 마는 것을 오늘도 우리는 그렇게 살고 있다 내 쓴잔은 내가 마셔야 한다 몇 순배 돌린다 하자 그래도 내 눈물은 내가 마셔야 한다

푸른 고독 갈대밭에 던질 때 우리 가슴에 가라앉는 것이 돌보다 무겁지 않던가

---

* 평전(平田): 송수권 시인의 호.

갯벌 풍류 2

못대가리 하얗게 벗겨진
무진교(霧津橋) 올라서서
휘몰다 간 바람 당신도 나처럼
갈대를 보겠지요

새가 갯고랑 깨우고
봄 불러오듯이
남도 풍류 한 자락 청소골에서 흘러
이 나지막한 갯벌에 놓고
짱뚱어가 펄펄 뛰고 있지요

평전(平田)이 일으킨
순천만 갯벌 풍류
태산 풍류* 아래 노을에 익힌 갯벌로
곡선의 시가 한창입니다

갈대밭 수줍은 달
풋풋한 사랑 날리기도 하고

끝끝내
하늘 목 놓아 부르는 질퍽한 땅

갯마당에
반질반질 울어 윤이 나는 갯벌시
갈목 잡아 한 줄 쓰고
술 때 지나면 다시 한 줄 씁니다

---

* 태산 풍류는 태인 군수 최치원에서 비롯된다. 최치원의 풍류사상의 맥을 잇는 가사문학의 효시인 정극인의 「상춘곡」과 송순의 「면앙정가」에서 정철의 「성산별곡」으로 이어지는 계산 풍류를 남도 풍류의 맥이라 한다.

갯벌 풍류 3

평전이 적막한 바다 끝으로 물러가기까지
변산반도에 있었고 지리산과 섬진강
흑룡만리의 섬 제주에 있었다
언젠가는 만주벌판에 서서
백두산도 흔들어볼 것이라, 저 예루살렘
사해바다 진펄 위를 걸어보리라 하였다
사구시의 땅 산문의 업 등에 지고
눈물 조용히 눌러놀 돌 하나
가슴에 품어 맛 따라 멋 따라
시 치며 걸었다
그늘 깃들인 개미 나는 빠꿈살이
어느 날은 석남꽃 꺾으며
뻐꾸기 소리 받아 아침 강 서성이던
물빛을 그리워했다
더러는 평전을 불도인의 샤먼처럼 말하나
민중의 대세 찾아
이 땅 조선의 매화, 대숲 소리로 울었고
갯벌에 노을 적시며

붉은빛 물든 수저로 밥 뜨고 살았다
시라는 게 별것이더냐
낚싯대 서로 걸어두고
탕탕이 낙지 한 접시면 그만인 것을
봄눈에 줄 걸던 순천만
바람이 팽 하고 채 올릴 때마다 타던 거문고
적막한 바다 화포에 표표히 한 채 서 있다

갯벌 풍류 4

태풍이 부는 날은 바람이 참나무를 흔들어서 깨우지만 그렇잖은 날은 참나무를 내리쳐서 깨워줘야 한다네요 지리산 베고 누워 있는 참나무가 큰 망치질이나 태풍에 흔들려야 종균 번식이 잘된다고 지리산 벌꾼은 표고 치기 하러 산에 오르고 있습니다

오래전에 자빠진 참나무가 털썩털썩 잠에서 깨어나기 시작하네요 빗줄기 속에서 쇠망치 손이 번쩍 치켜 오르는 순간 가리왕산의 눈먼 벌치기가 키운 딸이 생각나고, 달궁아리랑 부르며 노고단에서 하산하고 있는 평전의 목소리가 귓구멍 찢어지게 들리는 것이 아닙니까

—시가 써지지 않을 때는 순천만에 나가봐라

시치기하라고 갯벌로 내모는 뜻이 뭘까요
지리산 벌꾼 아버지는 생업을 가르쳤지만
시가 생업이 될 수 있겠습니까
어깃장 한번 놓고는 미적미적 순천만에 나갔지요

갯벌이 내려다보이는 쇠리에 서서
구름 서너 장 접어내
쓰다 말다 한참 시랑 다투고 있는데
비가 꽂히는 갯벌로
밀물 몰고 있는 오월의 목동을 봤습니다
오월의 목동을

갯벌 풍류 5

울지 않는 바다에 누가 갈 수 있을까
누가
숭어 떼 푸른 비늘에 써놓은
아카시아 꿀 같은 시(詩) 먹을 수 있을까

갯벌에 머리 박던 새가
새벽 몰아올 때까지
밤새 던진 비에 쓰러진 갈대들이
천천히 일어서기까지
울지 않는 갯벌에 누가 갈 수 있을까

가끔은 타인처럼 산다

조금 더 가까우면 가까울 수 있다면
눈이 시리도록 출렁이는 이별

사람 마을에 해마다 그리움이고 싶다

갯벌 풍류 6

햇고사리 살짝 데쳐 조르르 깔고 실팍한 정어리 한 손 얹어 불붙이면 콧구멍이 벌렁벌렁 뚫어진다 삼지창 두엄 퍼 얹듯 쌈 싸다 보면 체면이고 뭐고 두 눈 홉뜨고 혓바닥까지 삼켜질 듯 흥이 솟아나는 이것이 남도 맛이란 것, 뻘배 타고 나가 발고기 건저 그중 도다리 몇 마리 쑥국 끓이면 게 눈 감추듯 먹어치우는 요것이 남도 깊음이란 것, 하늘에는 바람이 흐르고 땅에는 물이 흘러 내가 너를 만나고 네가 나를 만나 새롭다 현묘한 도가 이것이라니 최치원 선생의 풍류가 흘러들어 집집마다 정어리 쌈 싸고, 도다리쑥국 뜨는 갯고랑으로 숭어들이 갯벌 핥으며 춤추는 날, 갯땅 누비며 질펀한 갯벌에 올라 서러울 때마다 가락은 높고 맛은 깊어지게 치는 사람들, 목구멍에서 심지 꺼내 불붙이는 사람들, 숯덩이가 장독에 뜨고 송홧가루가 누르스름하게 앉아 도가풍이 흐르는 봄날이 오면, 시름시름 앓다가도 정신이 번쩍 들어 뻐꾸기 소리 슬며시 붙잡고 울어본 듯이 목젖에 붙이는 이것을, 남도 멋이라 하는 것 아니던가

갯벌 풍류 7

검은 잎
서늘히 빛나는 이름들이 사는 갯벌이다

다소곳이 머리 들어라

갯벌에 배 깔고
십오 도 정도는 이망*을 들어야 한다

너무 숙여 박혀도 안 되고
너무 들어 채여도 안 되고

겸손하게 머리 들어라

배고픈 누에처럼 온힘 다해 오르며
갯벌 여인들이 쓰는 글처럼

썰물에 쓰고
밀물에 지우는 생물의 글

>

잎새 위에
노랗게 적은 이름이 밤마다 빛나듯이

* 이망: 뻘배의 앞머리.

갯벌 풍류 8

갯벌 주둥이에 서면
저절로 입이 떨어져 흘러나오는 소리

오래전 박힌 말뚝에
부지런히 끌어다 매는

해오라기 소맷자락에 춤추는 댕기가
선(禪)입니다

선(仙)입니다
선(線)입니다

갯벌 풍류 9

소리쟁이가 떠올라 바람 한 소쿠리 이고 가는 방죽거리 모내기가 한창이다 쑥부쟁이, 쑥 잎이 너풀너풀 오른 논머리에 자리 깔아놓고 나누던 새참은 사라졌다 이앙기 소리에 풀꽃 한 송이 피어나고 있는 대대, 갯논이 파랗게 흔들리고 있다 새들마저 침통해졌다 갯둑 너머 밭에 나문재가 통통하게 오르는 이맘때 황발이 잡아서 간장에 넣고 보드란 잎은 쳐다 시큼하게 매실초로 무쳐내던 남도의 식탁, 갯바람 나던 새들도 오늘은 기운이 없다 식초에 버무려지고 된장국에 파랗게 녹아들던 입맛은 슬펐다 소리쟁이가 슬펐다 쑥부쟁이와 쑥이 슬펐다 갯논에 머리 고이던 아버지가 슬펐다 이제 봄은 가고 슬픈 힘이 사라지고 있다

갯벌 풍류 10

새들이 와글와글 떠나기 시작하면
연화장(蓮花藏)이 되는 갯벌 위에
환한 노을이 피어난다

우리들의 선녀는 오늘도
날개가 없다

겨드랑이에 날개 돋아
날아가는 새처럼 승천하는 천사가
아니다 우리들의 선녀는
오늘도 날개가 없다

서해 변산반도에서 피고
여자만에서 피는 노을꽃에 우리가
눈물 쳐주면 사뿐 수직하는
우리들의 선녀

해가 지고 나니 종적이 없다

>

평상심으로 살아가자
불평하지 말고 살아가자
무엇을 베풀지나 생각하며 살자

＊왕유를 그리워하며 선지식의 평상심을 붙드는 관리자가 되고자 했던 평전의 글을 빌어 적었다.

갯벌 풍류 11

오동나무가 시절을 넘어 핀 팔공산
동화사에는 꽃살문이 겨울에도 그윽하고
똑똑 떨어지는 종소리
나뭇가지 그늘에 걸어둔 시가 선하다

"의기가 있을 때 의기를 더해주면
풍류가 아닌 곳에 도리어 풍류가 찾아든다"

상서로운 꽃이 떨어지던
팔공산에는 봉황이 날고
지리산 청학동에는 학이 해를 물었는데
오동꽃 한없이 지는 서산 갯마을에는
아리아리한 어리굴젓뿐

굴 눈 도려내던
갑오년에 작두를 대령하였다
농민군은 군수의 목 썰어 붙이며 일어나
소금밭 벼슬밭에 봉기했지만

돌꽃이 되어 무더기로 피고 말았던

칼이여
명천포, 원천포, 삼길포
삼포에 이제야 다시 바람이 일어났는가
동학의 마지막 무덤 광포나루엔
매화꽃이 섬진강 둘렀고
가로림만, 천수만 갯벌 문풍엔
닻개 바람이 오동꽃을 흔들고 있다

갯벌 풍류 12

달빛 내린 갯벌
가만히 바라보고 있으면
버선코가 생각나고
어깨 들썩이며 춤추던 누나가 생각난다
언구같이 뛰어오르던 누나
여름 숭어는 개도 안 먹는다 했는데
보름사리 다가오는 밤이면
백합처럼 장마를 서두르고 있었다
사리가 돌아올 때마다
갯마당이 넓어지고
누나의 몸에서는 갯내가 더 물씬거렸다
진달래, 해당화 붉게 물든
갯벌 찬찬히 들여다보고 있으면
옷고름이 생각나고
하얗게 솟아오르던 누나의 예쁜 가슴
짜디짠 물때로 조여매고 산
비밀을 몰랐다
눈에 노랗게 달이 찬 숭어처럼

갯벌 파먹고 살던 누나
가락지 받아들고 돌아서서
오메 오메 부르던 바다
오늘밤 달이
갯벌에서 한없이 미끄러지고 있다

갯벌 풍류 13

유두사리가 오면
갯벌 막아 농사짓는 원논 사람들은
걱정 한 솥 더 끓였다
뻐꾹새 울어 모사리 잘한 논배미
갯물 넘고 둑 터져
유두천신 고사상이 많기도 하였다
염천 하늘에 뜬 달
앞바다 우는 소리 큰 것을
갯가에서 듣던 대로
태풍 지어 영락없이 오르던 유월
참외꽃이 떨어지면
참외밭에 나가
오이 제사를 다 지내곤 하였다
—주렁주렁 내리소
참외가 동글동글 뒹구는 밭에
원시풍의 노래 익어가는 원두막 짓고
물이 벙벙 차오르기 시작하면
밀물만큼 떠오르던 마을

갯고랑에 오이꽃 닮은 별이 떠다녔다
칠월 백중사리까지는 또
달포나 남았는데……
밤마다 왕대는 쓸었다
누렇게 멍들도록 달빛을 왕창 쓸었다

갯벌 풍류 14

아름드리 오동나무 단박에 쓰러뜨리며 바람은 성질부렸다 하필이면 종답 얻어 타동에 다니며 농사짓던 해 수해가 났다 아버지는 도롱이 받쳐 입고 밤길에 나서고 어머니는 발버둥 치며 아버지를 말렸다 갯바닥에서 건져낸 퉁퉁 불은 볏단 형은 서너 단 지고 나는 애기지게로 한 단씩 져 날랐다 볏단은 속도 없이 등짝에서 촐싹거리며 춤추었다 길은 멀고 걸음이 무겁다 숫자를 세었다 백까지 세고 또 백까지 그래도 아버지와 형은 지게를 받치지 않았다 아버지와 형은 나보다 숫자가 더 많이 들어 있다는 것을 그때 알았다 달력을 더 가졌다는 것도 알았다 그해 농사는 바다가 다 가져가 버렸다 새 한 마리 하늘에 날려두지 않던, 허락하지 않는 일들 중에 농심은 천심이라는 것을 나는 지게로 배웠다 때로는 숫자가 동작이 된다 힘이 된다 가락이 된다는 사실을 등으로 알게 되었다 등은 둥그렇다 갯벌도 둥그런 등을 가지고 있을 터 보름과 그믐을 잘 기억하고 있다 일곱 물, 만조 하는 갯벌에 바람은 눕지 않는다

갯벌 풍류 15

밤에는 휘파람 불지 마라 말려도
휘파람새는
두어 장단 슬쩍슬쩍 불다가
어둠이 스르르 사라지는 갯가에
꽃을 몰아다 놓곤 하지요
휘파람새가 숨어든
매화 가지에 꽃이 불어터집니다
봄이여
봄이여 고하는
입피리에 젖어
꿈꾸는 평등이 맺히리라
생각만 해도 소름이 돋습니다
향피리 물고
조그만 주둥이로 보채는 사랑
그 애타는 것을
물에 바가지 띄워놓고 두드리던
물장구 아낙이여
당신이라면 모르시지 않겠지요

갯벌 풍류 16

대가 갯벌에 들어가야 일이 벌어진다

울창한 대숲에는 간혹 병신 대라고
주인이 재수 없어 하는 신세가 있다
병들어 기구하게 살아온
골이 앞뒤로 두 개나 나고 속이 배서
잘 쪼개지지도 않아
어디에도 쓸모없는 대, 쌍골죽
소쿠리, 바구니, 돗자리, 죽부인에도
소용없다

한 맺힌 것의 한 풀라면
대가 입가에 닿아야 일이 벌어진다
대금, 중금, 소금
삼죽(三竹)은 병신들의 몫이다

갯벌의 대
죽창의 대

삼죽의 대

여름 소나기가 대밭에 쏟아지고 있다
저만치 뿌리 하나 건드리면
이만치 파도가 넘치고
함성이 오르고 슬픈 가락
소스라치게 올라 죽으면 같이 죽는다

갯벌 풍류 17

그래도 오백 리 정도는 흘러야
섬 하나는
밀어 올릴 수 있을 것이라

수분재에서 물 뿌리가 갈라져
북쪽으로 한 줄기
남쪽으로 한 줄기
산마을 열어 섬진강에 떨어진
보라매 방울 소리

매꾼이 치켜든 버렁 팔뚝으로
방알이 소리가
후여—후여—
산이 살고
산 끝으로 섬들이 살고 있다

오백 리 물줄기가 띄운 남해
물질하는 해녀들의

마지막 선풍이 떴다
호이—호이—
해초같이 질긴 물질 소리

물숨 한 번이면 칠성판 진다는
잠녀여
마고 따님들이여
당신들의 숨비소리가 떴다

갯벌 풍류 18

아침 해가 토방까지 오르기도 전에
돌확 소리 다글다글거리면
고추 갈린 풋내
정신이 번쩍 들곤 하였다

열무김치 익어가는 동안
쇠비름도 흠씬 말랐으면 좋을 것을
여름 손에 풀물 가실 날이 없다

풀 끄덩이 잡고
흔들어놓은 여름살이
억척이었지만
이젠 우리 누나도 지고 마는가 보다

조개 칼에 껍데기 펄펄 날리며
부르던 갯벌 노래
사래 긴 콩밭에 훔치던 눈물 받아
돌확에 수련을 놓았다

>

두 줄기 솟아오르는
안마당
여름 풋내 가득 누나는 피고 있다

갯벌 풍류 19

칡꽃이 피었다

풀 먹인 옷고름에
곱다랗게 꽂힌 어머니의 브로치다

여름 꽃으로
어머니는 몇 해나 여자였을까

가물어서
더 칡꽃이 풍년이다

쳐다보기만 해도 옮는다고
고개 돌리며 다니던 문둥섬
칡꽃이 덮었다

일곱 번 뒹굴어 만든 파도
어머니는
뼈를 감았다

겨울이면 달빛에 매생이 깔고 사는
월포(月浦)
갯벌에 어머니 냄새 파랗게
파랗게 서렸다

* 월포(금산면)에는 월포농악 전수관이 있고, 매생이로도 유명하다.

갯벌 풍류 20

물이 한곳으로 모이고 갯벌이 탄생했다

갯벌이 물레에 돌고
불 만나 분청사기로 태어난 무안갯벌
정유재란 도자기 전쟁이 일어났다

독쟁이들 털어
불과 도공 도적질한 일본이
나무 밥그릇과 조개껍데기 수저 버리고
이도다완 만들어 강대국이 되고 말았다

갯벌에 엎어지다 누워보고
미끄러지다 빠져보면 안다
갯벌이 꿈틀대며
산 것은
코, 귀 잘라 무덤 만들었어도
생명의 명령만은 죽일 수 없었다

>

갯벌 모르던 진린(陣璘)과
고흥 절이도에서 해전의 승기 잡았다
여수 돌아 장도 탈환한 이순신
칼의 노래 불렀다
서늘히 갯벌 울리던 칼이여
울음의 바다여
북소리여

일본이 철가루 건져 왜도(倭刀) 만들 때
우리는 도자기 만들었다
덤벙덤벙 꽃을 흘려놓고
남도 선소리 육자배기 육 단장 두드리며
꺾어 떠는 입타령
한이 흐르는 입맛 개미라 하고
달아서 치는 소리
서러운 가락 곁에 들고 날며 살았다

갯벌 먹인

절구대가 춤추면 부엌칼이 춤추고
두레박이 춤추면 보름달이 춤추고
젓가락이 춤추면 대가지가 춤추고
구절초가 춤추면 산국화가 따르는
천지사방 방아, 방아
조석으로 절구대가 쉴 날 없던
어메들의 방아질
육 단장이 거기 있었다

해설

갯벌의 풍류를 완성하기 위하여

이승하(시인·중앙대 교수)

시인의 출생지와 성장지, 그리고 지금 살고 있는 곳은 참으로 중요하다. 김영랑이 강진 사람이 아니었다면 그런 시가 나왔을까? 서정주가 고창 사람이 아니었다면 그런 시가 나왔을까? 백석이 평안북도 정주 사람이 아니었다면? 목월이 경북 경주 사람이 아니었다면?

정홍순 시인은 충남 태안 남면에서 태어났다. 지금 살고 있는 곳은 순천시 해룡면이다. 충청남도 바닷가에서 태어나 전라남도 바닷가에서 살고 있는 시인의 삶의 반경은 큰 재산이 아닐 수 없다. 그래서인지 거의 대부분의 시가 바닷가 사람들을 소재로 하고 있다. 또한 바다와 갯벌이 공간적 배경을 이루고 있다.

한평생 시골에서 농사꾼으로 살던 노인이 장가간 아들이 오라고 해서 서울의 아파트 생활에 적응할 수 있을까? 불가능한 일이다. 마찬가지로, 바다를 보며 수십 년을 산 시인에게 바다 말고 산과 숲 혹은 빌딩과 지하도를 공간적 배경으로 한 시를 쓰라고 하면 쓸 수 없을 것이다. 아니, 쓸 수는 있되 실감나게 쓰지는 못할 것이다. 시인은 자신의 고향을 '스태안'이라고 한다.

서쪽 땅끝이 멀기는 먼가 보다
서산 태안이 유령의 땅처럼 들리는 것이
한참이나 먼가 보다
거기에다 충청도 기질
갯마을 것들이라고 괄시 받는
스태안을 들어보기나 했더란 말인가

리아스식 땅에 탯줄 묻어둔 사람이라면
몰라도 스태안은 아마 모를 것이다
스태안, 스태안
화엄 꽃밭에 봄이 오면 꽃다지
코딱지나물이 노랗게 물들어
다지는 맨 처음 열리는 열매로
봄에 제일 먼저 핀다 아지는 작아서
민꽃다지, 산꽃다지, 구름꽃다지

천삼백 리 해안 구릉에 엎어진 꽃밭이 스태안이다

—「꽃다지」 부분

그 고장 사람들은 '서태안'이라고 하지 않고 '스태안'이라고 발음하나 보다. 하긴, 서산도 그쪽 사람들은 스산이라고 한다. 이 시를 통해 '다지'와 '아지'를 알게 되었다. 스태안을 "천삼백 리 해안 구릉에 엎어진 꽃밭"으로 표현한 것을 보고, 정홍순 시인은 고향을 정말 사랑하는 사람이구나 하는 생각을 하게 되었다. 스태안은 "하늘과 바다가 하나이고/땅과 사람이 서럽게 고이며 사는" 곳이다. "황토밭에는 육쪽마늘이,/대숲에서는 대금이 푸르게 울며", "쓸어낸 달빛 아래 꽃다지가/십자화로, 십자화로 피는" 자신의 고향을 그는 이번 시집에서도 힘차게 노래한다. 고기도 잡고 조개도 채취하고 농사도 짓고 사는 사람들, 흔히 반농반어라고 하는데, 내륙에 사는 사람들은 이들을 '갯마을 것들'이라고 놀린다. 아비가 바다에 오래 나가 있다는 이유로, 아비가 풍랑을 만나 일찍 죽기도 한다는 이유로 괄시받는 이들, 그래서 "스태안은/좋기만 하면서도 서럽기도 한 곳"이 아닐까. 바닷가 마을에서의 김장 날 풍경을 시인은 이렇게 그리고 있다.

겨울바다 바윗돌에 꽃이 피었다

거뭇거뭇 피어난

돌김 난도질하는 도마 소리
난타가 시작되었다
부엌칼이 장단 떠는 대로
덕장에서 말라가는 햇김 향내가
십리 동구 밖까지 흔들어
갯물 길어 빈 독에 채우고 이젠
김장하련다
또각또각 도마가 칼을 받는다
나박 썰기
깍둑 썰기

—「붉게 피는 꽃이 왜 영혼을 움직이는가」 전반부

돌김을 난도질하는 장면을 해설자는 본 적이 없다. 덕장에서 말라가는 햇김 향내를 맡아본 적도 없다. 경북 김천 촌놈인 나는 대학을 졸업할 때까지 회를 먹어본 적이 없었다. 젓갈도 먹어본 적이 없다. 그저 소금 잔뜩 뿌린 간고등어, 말라비틀어진 갈치와 꽁치가 생선의 전부인 줄 알고 살았다. 문어와 낙지는 일 년에 두 번쯤 먹어보는 고기였다. 아, 도루묵은 대구 할머니 댁에 가서 비로소 먹어보았다.

채 썰기
기둥 썰기

감나무 가지 끝 까치밥이 붉다
애기동백도 붉다
붉게 피는 꽃이 왜 영혼을 움직이는가
임진왜란 통에도 살아나온
김치야말로
고추로 일어난 우리의 혁명이듯
무수를 붉게 비빈다

—「붉게 피는 꽃이 왜 영혼을 움직이는가」 후반부

까치밥도 붉고 애기동백도 붉고 김치도 붉다. 시인은 김치야말로 붉은 고추로 일어난 우리의 혁명이라고 하면서 무수(무)를 붉게 비빈다. 그 김치, 얼마나 맛있을까. 언젠가 태안에 가서 겟국지 혹은 갯국지를 꼭 먹어봐야겠다.

보지도 먹어보지도 못한 사람들
상식 없이 게탕을 게국지라 송출하다니
조합한 게국지가 너무 싫다

게장 국물이라 할 때는 겟국지
해산물 국물이라 할 때는 갯국지라 부르는
부를수록 고향 유전이 흘러나는 이름
김장한 후 새우젓 독 속에

무, 무청, 배추겉잎 묻었다가
뚝배기 알불 긁어내 쪄내는

비밀스런 무의 맛
지금 어딘가 고향엔 새우젓 독에서 하얗게
간꽃이 피어나고 있겠다

—「게국지」 부분

텔레비전 먹방 프로를 다 믿어서는 안 되겠다. 게탕을 게국지라고 방송하는 것을 보고 시인은 화가 났다. 게장 국물은 겟국지이고 해산물 국물은 갯국지인데 저렇게 엉터리로 방송을 하다니! "김장한 후 새우젓 독 속에/무, 무청, 배추겉잎 묻었다가/뚝배기 알불 긁어내 쪄내는//비밀스런 무의 맛"을 해설자는 모른다. 짐작도 안 간다. 시집 곳곳에 나오는 음식에 대한 이야기는 상상이 가지 않으므로 훗날 충남과 전남 바닷가에 가서 확인을 해보아야겠다.

자, 이제부터는 그곳에서 사는 사람들 이야기를 들어보자. 제일 쉽게 말할 수 있는 대상은 부모형제다.

밀물이 쓸쓸 쓸려옵니다
거품이 발목 잠기도록
기다리고 있는 내내

다가온 것은 주름진 물살뿐입니다

척척 돌아와 서는 뻘배

어머니는 공쳤습니다
갈대밭에서
관절 꺾어지는 소리만 들려옵니다

—「뻘배」 부분

뻘배는 배가 아니다. 갯벌에서 꼬막 따위를 캘 때 이동을 쉽게 하기 위하여 타는, 좁고 긴 판상(板狀)의 기구다. 화자의 어머니는 하루 종일 갯벌에 나가서 일을 했지만 안타깝게도 소득이 거의 없이 돌아오고 말았다. 대체로 우리나라 서해의 갯벌들이 개발이다 간척이다 하면서 사라지고 있다. 태안은 또 2007년 12월 7일에 발생한 기름유출사고로 10년 동안은 오염이 되어 어민들이 고생을 한 곳이다. 서산 어송리 도축장에서 암소가 날뛰어 한 사람이 죽고 한 사람이 다친 사건을 다룬 시도 있다.

어느 날 형이 새벽에
아버지와 서산 우시장에서
저수지 둑 가로질러 왔던 거기쯤

소가 갑자기 난동 부렸다는 사람도 있고
공격했다는 사람도 있다

소는 생포되었지만 봄은 죽지 않았다
봄은 사나워졌다
봉긋봉긋 꽃과 사람들이 서로 들이받으며
영혼 없이 상처 나고 싶은 날이었다

—「갯마을의 봄」 부분

갯마을의 봄이 왜 사나워지고 처절해졌을까. 봄이 오면 사람들은 대체로 희망에 가슴이 부푸는데 "누구라도 참을 수 없는 날이 서럽게 왔다"는 것이 영 심상치 않다. 갯마을 사람들이 봄 잔치를 할 분위기가 조성되지 않고 있는 이유가 어디에 있을까. 광우병이나 구제역 때문은 아니겠지만 소들의 수난은 몇 년째 계속되고 있다.

갯마을의 풀들도 생명력이 대단한가 보다. 바닷바람도 땡볕도 파도도 이겨내야 하니까 갯마을 사람들처럼이나 끈질기게 살아가고 있으리라.

무밭에 큰방가지똥 자리를 잡았다
소리쟁이도 들어와 앉아 있다
가는털비름은 벌써 훤칠하게 커서

고스러지고 있고
자리공, 큰비짜루국화
털별꽃아재비
광대나물, 명아주, 까마중, 민들레
재쑥, 환삼덩굴, 쑥부쟁이
들개미자리
꽃이 오기 전에
뽑아버린다 했지만
한 번도 이겨보지 못한 이름들이다

—「무명초」 전반부

명아주와 민들레, 쑥부쟁이 정도는 알지만 나머지 풀은 이름과 모양이 연결되지 않는다. 이 많은 풀들이 다 이름이 있지만 보통사람들에게는 그저 무명초이다. 그런데 사람이 아무리 뽑아도 또 나는 것이 바로 큰방가지똥, 소리쟁이, 가는털비름, 자리공, 큰비짜루국화……. 사실 땅의 주인은 이런 풀들이 아닐까.

누가 저들을 무명초라 불렀던가
어느 땅들이
저들을 거부한 적 있었던가
이름을 부르지 않으면

너도 밟히고
나도 밟히는
우리 누나 같은 시절들을 쳐다본다
불혹의 누나
거름으로 다 주고 떠난 누나
누나의 장딴지 닮은 아이들이
불룩불룩 일어나는 밭에서
갯여자의 이름이 스러지고 있다

—「무명초」 후반부

무명초인 양 살아온 '갯여자' 누나의 이름을 사람들은 기억하지 못한다. 하지만 저 풀처럼 끈질기게 살아서 장딴지 같은 아이들을 길러냈다. 이 세상에는 "거름으로 다 주고 떠나는" 어머니들과 누나들이 있어서 아버지와 오빠와 남동생은 살아갈 수 있는 것이다. 옛 가요 〈굳세어라 금순아〉는 1953년에 만들어졌는데 실은 지금도 그 노랫말은 유효하다.

이번 시집에는 수많은 지명이 나온다. 아마도 태안이나 순천 주변이 아닌가 한다. 역사적으로 의미 있는 곳일 수도 있고, 가혹한 생존의 터전일 수도 있다. 그곳에서 서민들은 무명초처럼 끈질기게 뿌리를 내리고 살아왔다. 시인이 이번에 내는 시집의 또 하나의 값어치는 「갯벌 풍류」 연작시 20편에 담겨 있는 갯벌의 정신, 갯벌의 사상, 갯벌의 풍류에 있다. 도

대체 '갯벌 풍류'란 것이 무엇인지 알아보자.

못대가리 하얗게 벗겨진
무진교(霧津橋)에 올라서서
휘몰다 간 바람 당신도 나처럼
갈대를 보겠지요

새가 갯고랑 깨우고
봄 불러오듯이
남도 풍류 한 자락 청소골에서 흘러
이 나지막한 갯벌에 놓고
짱뚱어가 펄펄 뛰고 있지요

평전(平田)이 일으킨
순천만 갯벌 풍류
태산 풍류 아래 노을에 익힌 갯벌로
곡선의 시가 한창입니다

갈대밭 수줍은 달
풋풋한 사랑 날리기도 하고
끝끝내
하늘 목 놓아 부르는 질퍽한 땅

갯마당에
반질반질 울어 윤이 나는 갯벌시
갈목 잡아 한 줄 쓰고
숱 때 지나면 다시 한 줄 씁니다

—「갯벌 풍류 2」 전문

잘 놀되 속되지 않으며, 운치가 있게, 멋들어지게 노는 일을 풍류라고 한다. '태산 풍류'는 태인(태산은 태인의 옛 지명) 군수였던 최치원에서 비롯된 것이라고 시인은 각주에 써놓았다. 정극인, 송순, 정철이 가사문학을 통해 '계산 풍류'를 보여주었듯이 이 시의 화자는 갯벌에서 살아가는 이들의 일상을 낱낱이 그려보려고 한다. 이제는 자신이 남도 풍류의 맥을 이어보겠다는 결심을 했기에 "갯마당에/반질반질 울어 윤이 나는 갯벌시"를 쓰겠다고 천명한 것이 아닌지 모르겠다. 이 시의 시어인 '평전(平田)'은 송수권 시인의 호다. 그러니까 "평전(平田)이 일으킨/순천만 갯벌 풍류"는 전남 고흥에서 태어나 순천대 문예창작학과에서 다년간 강의를 했던 송수권 시인의 풍류를 가리킨 것이라 여겨진다.

더러는 평전을 불도인의 샤먼처럼 말하나
민중의 대세 찾아
이 땅 조선의 매화, 대숲 소리로 울었고

갯벌에 노을 적시며
붉은빛 물든 수저로 밥 뜨고 살았다
시라는 게 별것이더냐
낚싯대 서로 걸어두고
탕탕이 낙지 한 접시면 그만인 것을
봄눈에 줄 걸던 순천만
바람이 팽 하고 채 올릴 때마다 타던 거문고
적막한 바다 화포에 표표히 한 채 서 있다

—「갯벌 풍류 3」 부분

최치원도, 가사문학의 대가들도, 송수권 시인도 풍류를 즐길 줄 알았던 사람이다. 인용한 대목을 읽어보면 바닷가에서의 삶이 각박하기만 한 것이 아님을 알 수 있다. 현재의 삶을 즐기고 누릴 줄 알아야 진정한 풍류인이 되는 것인데 우리는 그동안 지나치게 '생활고'에 치었던 것이 아닐까. 평전은 술을 못했지만 화자는 앞으로 쓴잔을 내가 다 마시겠다고 다짐한다. 내 눈물은 내가 마셔야 한다고 맹세한다.

평전은 술을 못했다 나는 술을 따른 적이 없다 대신에 고독의 잔 다량의 눈물 얼마큼 마시어 가라앉은 산의 뿌리 건널 수 있을까 저 굽이쳐 오는 물 언덕 부서지도록 찾아 온 결국 물이 되고 마는 것을 오늘도 우리는 그렇게 살고

있다 내 쓴잔은 내가 마셔야 한다 몇 순배 돌린다 하자 그
래도 내 눈물은 내가 마셔야 한다

—「갯벌 풍류 1」 부분

이런 시를 보면 두 시인이 각별한 사이가 아니었나, 추측을 해보게 된다. 설사 서로 잘 아는 사이가 아니었다고 하더라도 시를 보면 송수권 시인의 정신과 철학, 소재와 주제, 표현과 어투가 여기저기에 조금씩 스며들어 있다.

—시가 써지지 않을 때는 순천만에 나가봐라

시치기하라고 갯벌로 내모는 뜻이 뭘까요
지리산 벌꾼 아버지는 생업을 가르쳤지만
시가 생업이 될 수 있겠습니까
어깃장 한번 놓고는 미적미적 순천만에 나갔지요
갯벌이 내려다보이는 쇠리에 서서
구름 서너 장 접어내
쓰다 말다 한참 시랑 다투고 있는데
비가 꽂히는 갯벌로
밀물 몰고 있는 오월의 목동을 봤습니다
오월의 목동을

—「갯벌 풍류 4」 부분

송수권 시인은 "시가 써지지 않을 때는 순천만에 나가봐라"라고 편지에다 썼다고 한다. 지리산 벌꾼 아버지는 생업을 가르쳤지만, 아버지의 소망을 거역하고 시를 쓰게 된 시인은 생업을 잘 돌보지 못한다. 쓰다 말다 한참 시랑 다투고 있을 뿐이다. 태풍이 불고 비가 계속 내리는데 어떻게 할 것인가. 밀물 몰고 있는 오월의 목동은 본인일까, 송수권 시인일까. 연작시에 나오는 '사구시'의 뜻을 알려면 송수권 시인의 다음 시를 일단 보아야 한다.

나로도 항공우주센터
밀리엄 세기의 첫 장을 열었을 때

쑥밭골의 신화는 깨졌다

쑥과 마늘과 호랑이와 곰과
함께 살던 아기곰 한 마리가
굴 속을 빠져나와
꼬리 불을 물고 하늘을 서성거렸을 때

우리들 신화는 빗장을 활짝 열었다

고흥반도의 아침이여

사구시의 노래여

— 송수권, 「사구시의 노래 1」 전문

단군신화의 일부를 차용해온 이 시는 송수권류 풍류의 제1성이다. 이제 정홍순 시인은 그의 제자가 되기를 자처해 "사구시의 땅 산문의 업 등에 지고/눈물 조용히 눌러놀 돌 하나/가슴에 품어 맛 따라 멋 따라/시 치며 걸었다"(「갯벌 풍류 3」)고 한다. 사구시(사기골, 고흥)의 땅에서 확실히 시 치기를 한 송수권 시인의 뒤를 따르기 위해 풍류 학습을 해보기로 한다. 정홍순 시인이 생각하는 남도 멋이란 이런 것이다.

햇고사리 살짝 데쳐 조르르 깔고 실팍한 정어리 한 손 얹어 불붙이면 콧구멍이 벌렁벌렁 뚫어진다 삼지창 두엄 퍼 얹듯 쌈 싸다 보면 체면이고 뭐고 두 눈 홉뜨고 혓바닥까지 삼켜질 듯 홍이 솟구쳐나는 이것이 남도 맛이란 것, 뻘배 타고 나가 발고기 건져 그중 도다리 몇 마리 쑥국 끓이면 게 눈 감추듯 먹어치우는 요것이 남도 깊음이란 것, 하늘에는 바람이 흐르고 땅에는 물이 흘러 내가 너를 만나고 네가 나를 만나 새롭다 현묘한 도가 이것이라니 최치원 선생의 풍류가 흘러들어 집집마다 정어리 쌈 싸고, 도다리쑥국 뜨는 갯고랑으로 숭어들이 갯벌 핥으며 춤추는 날, 갯땅 누비며 질퍽한 갯벌에 올라 서러울 때마다 가락은 높고

맛은 깊어지게 치는 사람들, 목구멍에서 심지 꺼내 불붙이
는 사람들, 숯덩이가 장독에 뜨고 송홧가루가 누르스름하
게 앉아 도가풍이 흐르는 봄날이 오면, 시름시름 앓다가도
정신이 번쩍 들어 뻐꾸기 소리 슬며시 붙잡고 울어본 듯이
목젖에 붙이는 이것을, 남도 멋이라 하는 것 아니던가

—「갯벌 풍류 6」 전문

시인은 '남도의 맛'과 '남도의 깊음'과 '남도의 멋'에 대해 본격적으로 탐구하고 있다. 맛있는 음식은 재료도 중요하지만 정성이 중요하다는 이야기를 하고 있다. 내가 너를 만나서 새롭듯이 네가 또 나를 만나서 새로운 것. 손바닥도 마주쳐야 소리가 난다. 쳐라! 불붙여라! 소리 질러라! 그래야 풍류를 느낄 수 있는 것이다. 체면이고 뭐고 따지다가는 풍류를 놓친다. 갯벌은 사람과 자연이 분리되지 않은 곳이다. 또한 하늘과 땅이, 바다와 뭍이 분리되지 않은 곳이다. 바로 이곳 갯벌에서 남도의 맛과 깊이와 멋은 나오는 것이려니.

갯벌이 왜 중요한가, 그곳은 수많은 생명체가 서식하는 곳이며 수많은 인간의 삶을 지탱케 하는 '사구시'이기 때문이다.

시인은 생태주의 철학을 외치는 환경론자와는 다른 존재이다. 논문이나 논설문을 쓰는 사람이 아니라 시를 쓰는 사람이다. 이렇게 하자, 이렇게 하지 말자는 주장을 직접적으로 하는 사람이 아니다. 갯벌의 풍류를 독자들에게 들려줌으로써

우리에게 갯벌이 얼마나 중요한 것인가를 '은근히' 말해준다. 이런 갯벌 풍류 시의 아름다움은 송수권 시인도 완성하지 못했으니 청출어람이라고 해야 할까.

울지 않는 바다에 누가 갈 수 있을까
누가
숭어 떼 푸른 비늘에 써놓은
아카시아 꿀 같은 시(詩) 먹을 수 있을까

갯벌에 머리 박던 새가
새벽 몰아올 때까지
밤새 던진 비에 쓰러진 갈대들이
천천히 일어서기까지
울지 않는 갯벌에 누가 갈 수 있을까

—「갯벌 풍류 5」 부분

배고픈 누에처럼 온힘 다해 오르며
갯벌 여인들이 쓰는 글처럼

썰물에 쓰고
밀물에 지우는 생물의 글

잎새 위에

노랗게 적은 이름이 밤마다 빛나듯이

—「갯벌 풍류 7」 부분

두 편 시가 다 쓰는 행위에 대해 말하고 있다. 그 옛날 시인들이 시를 쓰면서 풍류를 즐겼듯이 이 갯벌에 와서 시인은 아카시아 꿀 같은 시를 먹고, 배고픈 누에처럼 온힘을 다해 오르며 삶의 글, 생물의 글을 쓰고 있다. 자연귀의를 넘어 물아일체의 경지다. 자연과의 합일! 갯벌 풍류의 진면목을 보여주는 시를 쓰다 보니 "평상심으로 살아가자/불평하지 말고 살아가자/무엇을 베풀지나 생각하며 살자"(「갯벌 풍류 10」)는 다짐에 이르게 되는 것이다.

그런데 아버지가 등장하는 「갯벌 풍류 9」, 「갯벌 풍류 14」나, 어머니가 등장하는 「갯벌 풍류 19」, 누나가 나오는 「갯벌 풍류 12」, 「갯벌 풍류 18」은 많이 슬프다. 사실 연작시의 정수는 이들 시편일 수도 있다. 그들의 힘겨웠던 생이 독자의 눈앞에 핏빛 노을이 되어 다가온다. 갯벌에 생을 바친 그분들의 노고를 잊으면 안 된다. 낙지 한 마리 한 마리가 한 방울 한 방울 땀방울의 산물이다. 그분들은 가혹한 삶의 현장에서 땀을 흘렸기 때문에 풍류를 즐기지 못하였다. 그래서 정홍순 시인은 갯벌에도 풍류가 있다고 이렇게 노래도 부르고 시도 읊조리는 것이다.

시인은 또 한편으로는 역사가 준 교훈도 잊지 말자고 한다. 「갯벌 풍류 11」에서는 갑오농민전쟁에 대해, 「갯벌 풍류 20」에서는 정유재란에 대해 거론하면서 외세의 침략을 맞아 굳건하게 서해바다를 지켜낸 우리의 갯벌을 높이 기린다.

굴 눈 도려내던
갑오년에 작두를 대령하였다
농민군은 군수의 목 썰어 붙이며 일어나
소금밭 벼슬밭에 봉기했지만
돌꽃이 되어 무더기로 피고 말았던

칼이여
명천포, 원천포, 삼길포
삼포에 이제야 다시 바람이 일어났는가
동학의 마지막 무덤 광포나루엔
매화꽃이 섬진강 둘렀고
가로림만, 천수만 갯벌 문풍엔
닻개 바람이 오동꽃을 흔들고 있다

—「갯벌 풍류 11」 부분

'닻개'는 서산 지곡면에 있는 갯벌 포구다. 최치원 선생이 여기 한동안 머물렀다. 작년 10월에 제12회 닻개 백제내포문화

제가 열려 선생을 기렸는데 올해도 열릴 것이다. 최치원은 출생지는 경주지만 글을 보면 바닷가 풍류를 즐겼음을 알 수 있다. 그 흐름이 지금까지 이어서 정홍순 시인도 시를 쓰고 있는 것이려니.

갑오농민전쟁 때 서산과 태안 지역의 농민군은 봉기를 시작하면서 작두로 군수를 처단하는 단호함을 보였다. 서산과 태안의 농민이 중심이 된 농민군은 목소 전투, 승전목 전투, 예산산성 전투, 홍주성 전투, 해미성 전투, 매현 전투 등을 치렀다. 그물을 던져 물고기를 잡던 포구의 사람들이 칼을 높이 들었던 것이다. 가로림만과 천수만이 그런 역사적 의미를 지닌 곳이라니 놀랐다. "동학의 마지막 무덤 광포나루"에도 언젠가 가봐야겠다. 시인은 정유재란 발발의 이유를 이렇게 보고 있다.

갯벌이 물레에 돌고
불 만나 분청사기로 태어난 무안갯벌
정유재란 도자기 전쟁이 일어났다

독쟁이들 털어
불과 도공 도적질한 일본이
나무 밥그릇과 조개껍데기 수저 버리고
이도다완 만들어 강대국이 되고 말았다

—「갯벌 풍류 20」 부분

일본이 전쟁을 일으켜 취한 이득이 '이도다완'에 있었다는 것이다. "코, 귀 잘라 무덤 만들었어도/생명의 명령만은 죽을 수 없었다"라는 시구는 다음 구절로 이어진다.

갯벌 모르던 진린(陣璘)과
고흥 절이도에서 해전의 승기 잡았다
여수 돌아 장도 탈환한 이순신
칼의 노래 불렀다
서늘히 갯벌 울리던 칼이여
울음의 바다여
북소리여

일본이 철가루 건져 왜도(倭刀) 만들 때
우리는 도자기 만들었다
덤벙덤벙 꽃을 흘려놓고
남도 선소리 육자배기 육 단장 두드리며
꺾어 떠는 입타령
한이 흐르는 입맛 개미라 하고
달아서 치는 소리
서러운 가락 결에 들고 날며 살았다

—「갯벌 풍류 20」 부분

이순신 장군이 해전에서 승리할 수 있게끔 도운 것은 바로 갯벌이었다. 갯벌을 어떻게 이용해야 승리할 수 있는지 잘 알고 있었지만 명나라에서 온 장군 진린은 조수간만의 차를 이용할 줄 몰라서 자기 고집대로 하다가 많은 병사를 잃고 만다. 한번 패배를 겪고는 이순신의 말을 잘 따라 연합하여 승리를 거둔 뒤 명나라로 귀국하기 전 선조에게 "이순신은 하늘과 땅을 날줄과 씨줄 삼아 천하를 경영하는 재주가 있고, 찢어진 하늘을 꿰매고 흐린 태양을 목욕시킨 공이 있다"라고 칭송했다고 전한다.

"시가 써지지 않을 때는 순천만에 나가봐라"고 하신 송수권 시인의 말씀을 받들어 정홍순 시인은 자주 순천만 갯벌을 보면서 시상을 떠올렸을 것이다. 아아, '낙지탕 끓이고, 호롱이 굽고, 탕탕이는 기름장이 제격'이라는 말의 뜻을 해설자는 알 수 없어서 미안하다. 가서 먹어보면 해설의 글을 다시 쓸 텐데, 지금은 하는 수 없다. 태안과 순천 앞의 큰 갯벌이 천혜의 지역임을 시인이 역설하고 있으니 우리 모두 그곳을 잘 지켜야 할 것이다. 잘 보존해 후손에게 물려주어야 할 것이다.

이 도서의 국립중앙도서관 출판시도서목록(CIP)은 서지정보유통지원시스템 홈페이지(http://seoji.nl.go.kr)와 국가자료공동목록시스템(http://www.nl.go.kr/kolisnet)에서 이용하실 수 있습니다.(CIP제어번호: CIP2020027365)

시인동네 시인선 131

바람은 갯벌에 눕지 않는다

초판 1쇄 인쇄 2020년 7월 6일
초판 1쇄 발행 2020년 7월 13일
지은이 정홍순
펴낸이 고영
책임편집 이리영
디자인 헤이존
펴낸곳 문학의전당
출판등록 제448-251002012000043호
주소 충북 단양군 적성면 도곡파랑로 178
전화 043-421-1977
전자우편 sbpoem@naver.com

ISBN 979-11-5896-474-0 03810

*이 시집은 2020년 전남문화관광재단 문예진흥기금을 지원받아 제작되었습니다.